Consulta el
MATERIAL DIDÁCTICO
de esta edición en
www.planetalector.com

Editado por Editorial Planeta, S. A.

Avda. Diagonal, 662-664, 08034 Barcelona

Quinta edición. Primera en esta colección: mayo 2010
ISBN: 978-84-08-09062-5
Fotocomposición: Tiffitext, S. L.
Depósito legal: M. 9.344-2010
Impreso por Brosmac
Impreso en España – Printed in Spain

FICHA BIBLIOGRÁFICA

CAMPOS ADRADOS, Isabel
La paloma Palometa, Isabel Campos Adrados ; ilustraciones de Rebeca Luciani – 1ª ed. en esta colección – Barcelona: Planetalector, 2010
Encuadernación: rústica ; 64 págs. ; il. color ; 13 x 19,5 cm – (Cometa +8. A partir de 8 años)
ISBN: 978-84-08-09062-5
087.5: Literatura infantil y juvenil
821.134.2-3: Literatura española
Tratamiento: fantasía. Tema: animales y medio ambiente

LA PALOMA PALOMETA

ISABEL CAMPOS ADRADOS

Ilustraciones
Rebeca Luciani

La paloma Palometa vivía en un palomar en la plaza Mayor, justo sobre la cornisa del ayuntamiento. A primera vista, era una paloma como las demás, o sea, que era una paloma rolliza, de plumas blancas y grises, ojos redondos y patitas de color rosa.

Pero si uno se fijaba mejor, notaba que la paloma Palometa tenía algo distinto. Las plumas se le enredaban en la coronilla, y siempre parecía despeinada. Además, era una paloma muy saltarina.

AYUNTA

Se pasaba el día correteando por la cornisa, con los ojillos brillantes de curiosidad. Se interesaba por todo lo que ocurría en la plaza:

—¿Por qué el cielo es azul de día y negro de noche? ¿Por qué las abuelas nos tiran migas de pan, los niños nos quieren tomar en sus manos y los que llevan traje van tan de prisa que no nos ven?

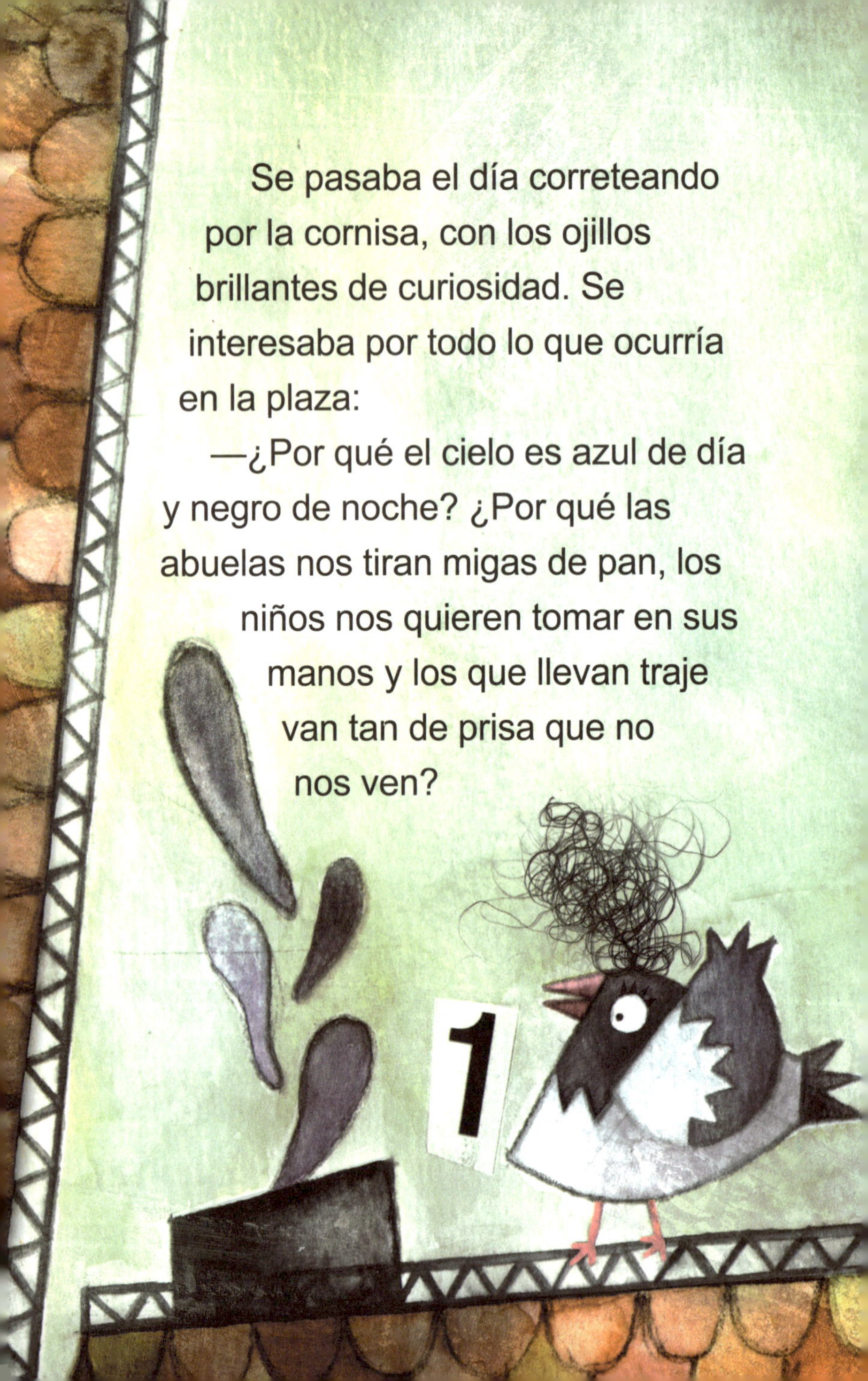

Y a todas sus preguntas, las demás palomas sólo respondían:

—¡Cucurucú!

Pues las palomas de ese palomar hablaban así: ¡cucurucú!

Un día, la paloma Palometa puso un huevo. Era un huevo grande y hermoso, y la paloma Palometa se quedó muy contenta:

—¡Cucurucú!

Pero como estaba muy, muy contenta, cantar cucurucú le pareció poco. Y entonces cantó a pleno pulmón:

—¡Cucurucá! ¡Cacaracá! ¡CACARACÁ! ¡CACARACÁ!

—¿Cucurucú? —se extrañaron las demás palomas—. ¿Cómo, cómo?

—Nosotras aquí sólo decimos cucurucú —le reprochó doña Palomina.

Era una paloma regordeta que había puesto ya muchos huevos, y estaba escandalizada.

—Cucurucú —asintieron las otras.

—Es que estoy muy contenta —explicó la paloma Palometa, tomando a su huevo en brazos—. Hoy me apetece cantar así:

¡CACARACÁ!

¡CACARACÁ!

—Pero ¿qué es lo que oigo? —exclamó don Palomón.

Era un palomo viejo, que nada más oír aquello bajó del tejadillo del ayuntamiento a todo volar.

Estaba muy enfadado.

—Éste es un palomar respetable. En este palomar hay que cantar así: ¡cucurucú!

—¿Y por qué no puedo decir cacarac…?

—¡CUCURUCÚ, que lo digo yo! —chilló don Palomón—. ¡CUCURUCÚ, CUCURUCÚ y punto!

—CUCURUCÚ —corearon todas las palomas, con aprobación.

La paloma Palometa miró a las compañeras y compañeros de palomar, miró al huevo y dijo:

—¡Pues yo me marcho con mi huevo a otro palomar!

Pero del dicho al hecho hay un trecho. La paloma Palometa agarró el huevo con las alas y, muy decidida, en dos pasitos llegó al borde de la cornisa. Entonces examinó lo que había arriba y abajo, a un lado y a otro, y constató el hecho: tenía un problema.

Los huevos no vuelan.

—¿Cómo hago yo para bajar hasta la plaza sin hacer una tortilla de este huevo grande y hermoso?

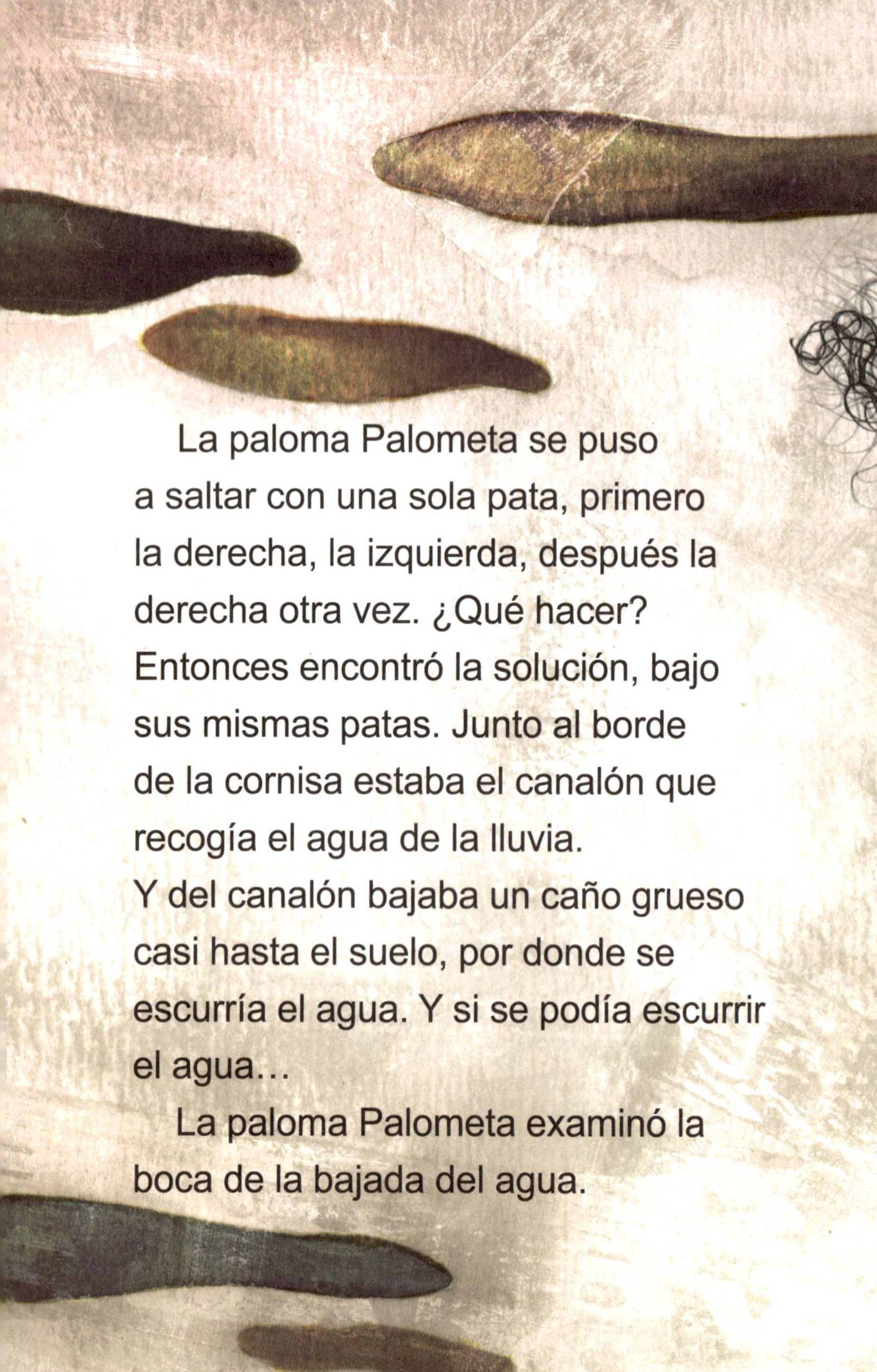

La paloma Palometa se puso a saltar con una sola pata, primero la derecha, la izquierda, después la derecha otra vez. ¿Qué hacer? Entonces encontró la solución, bajo sus mismas patas. Junto al borde de la cornisa estaba el canalón que recogía el agua de la lluvia. Y del canalón bajaba un caño grueso casi hasta el suelo, por donde se escurría el agua. Y si se podía escurrir el agua…

La paloma Palometa examinó la boca de la bajada del agua.

AYUNTAM

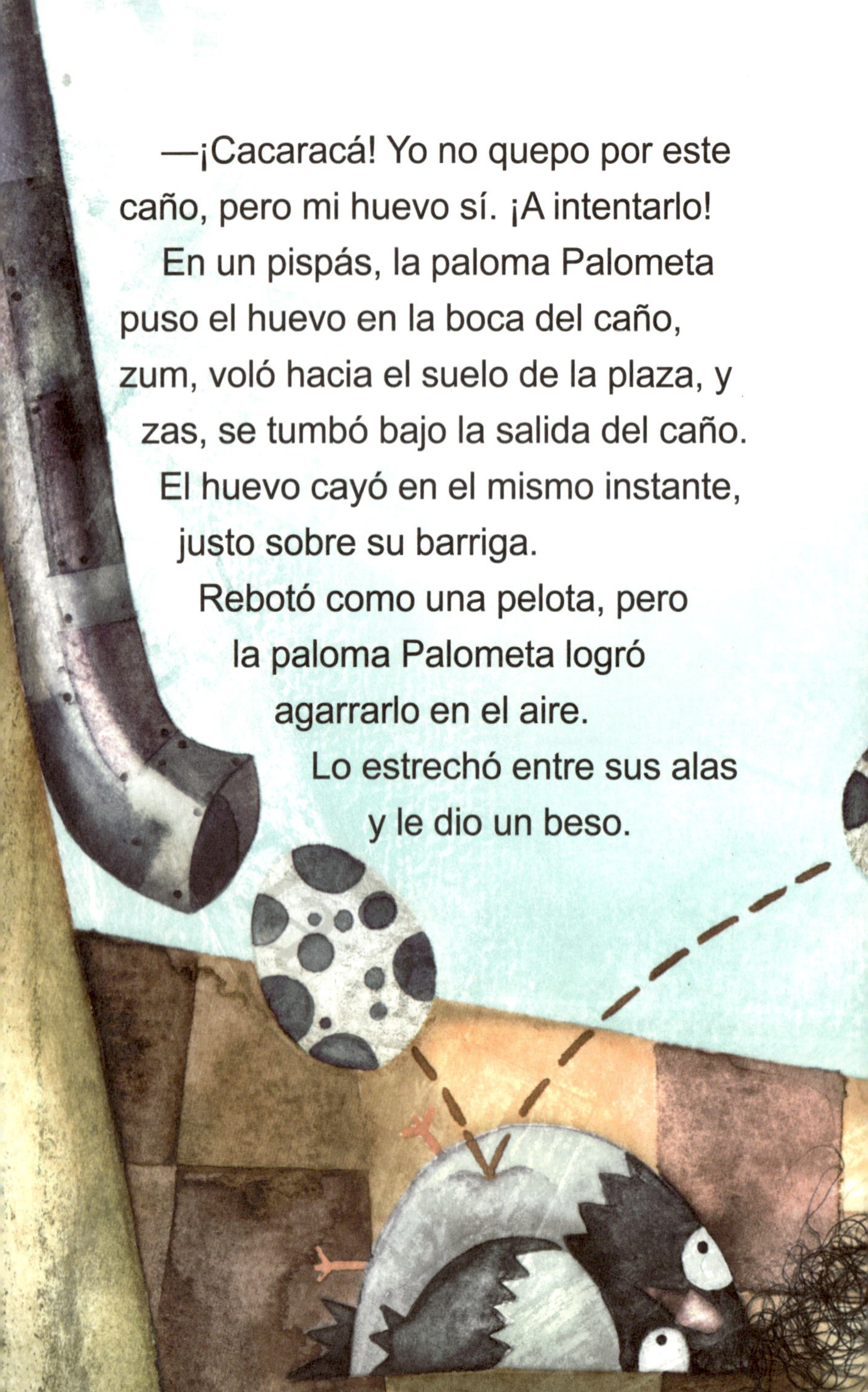

—¡Cacaracá! Yo no quepo por este caño, pero mi huevo sí. ¡A intentarlo!

En un pispás, la paloma Palometa puso el huevo en la boca del caño, zum, voló hacia el suelo de la plaza, y zas, se tumbó bajo la salida del caño.

El huevo cayó en el mismo instante, justo sobre su barriga.

Rebotó como una pelota, pero la paloma Palometa logró agarrarlo en el aire.

Lo estrechó entre sus alas y le dio un beso.

—¡Y ahora, huevo mío,
a buscar un palomar
donde puedas
cantar cacaracá
si te apetece!
¡CACARACÁ!

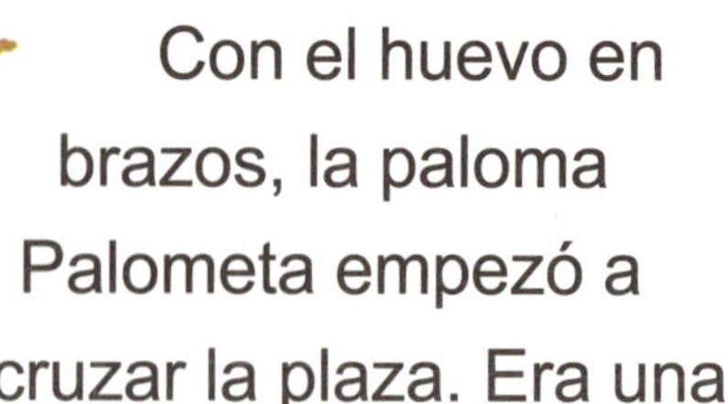

Con el huevo en brazos, la paloma Palometa empezó a cruzar la plaza. Era una mañana de sol y pronto nuestra paloma descubrió que el huevo era grande, hermoso y pesado. Cada vez más pesado.

La paloma Palometa sudaba la gota gorda y todavía quedaba muy lejos el centro de la plaza.

—¿Cómo hago yo para llegar al otro lado? —se dijo.

Probó a ponerse el huevo en la espalda. Lo sujetó atrás con

las dos alas y se puso en marcha con decisión.

Pero tenía que inclinarse hacia adelante, y así era difícil ver por dónde iba y evitar que la pisaran.

Hay gente capaz de pisar una paloma, aunque la paloma lleve un huevo.

Entonces probó a hacerlo rodar. Pero un huevo tiene forma de huevo, no de pelota. Ese huevo giraba como una peonza: daba una vuelta completa y volvía a pararse a sus pies.

—Huevo mío, ¡qué hermoso eres y cómo pesas! —exclamó la paloma Palometa.

Entonces, con el huevo en brazos y paso a paso, procurando no tropezar, llegó por fin a la fuente. La fuente rodeaba la estatua de un caballero a caballo, que presidía el centro de la plaza.

Muy acalorada, puso el huevo en el suelo, entre las patas, y zambulló la cabeza en la fuente para refrescarse. Y al sacar la cabeza del agua, ¿qué vio?

¡Pues otra paloma que llegaba a la fuente, acalorada y con otro huevo en brazos!

Mientras la recién llegada se refrescaba en la fuente, la paloma Palometa le observó con sorpresa el huevo. El huevo de la paloma Palometa era un huevo corriente, blanco con motas azules de varios tipos y tamaños. ¡Pero el de la recién llegada era completamente azul celeste! ¿De dónde salía aquella paloma?

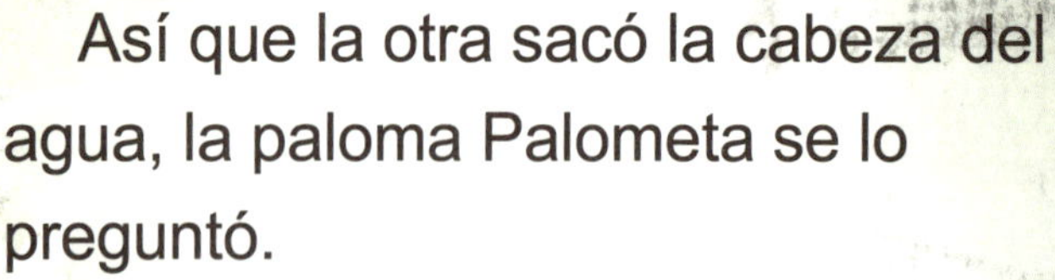

Así que la otra sacó la cabeza del agua, la paloma Palometa se lo preguntó.

—Soy del palomar que está encima de aquella librería —explicó la paloma, apuntando con el ala hacia una esquina de la plaza—. Es un palomar muy tranquilo. La gente lee libros, anda despacio y no nos espanta, y el dueño, antes de cerrar, nos tira migas de pan. ¿Y tú, de dónde eres?

—Soy del ayuntamiento. Es un palomar muy importante —añadió, crecida—. Siempre que la gente protesta contra algo que ha hecho el alcalde, se reúnen frente al edificio y nos dan grandes trozos de bocadillo. ¡Y no veas, día sí día no, hay gente protestando!

Como creyó que ya había impresionado bastante a la otra, la paloma Palometa preguntó:

—Pero ¿qué haces por aquí con ese huevo en brazos?

—Busco otro palomar. Nada más poner este huevo, me apeteció cantar quequerequé para festejarlo...

—¿Quequerequé? —repitió la paloma Palometa, a quien nunca se le había ocurrido cantar quequerequé.

—Sí. Y verás, en mi palomar sólo se puede cantar cacaracá.

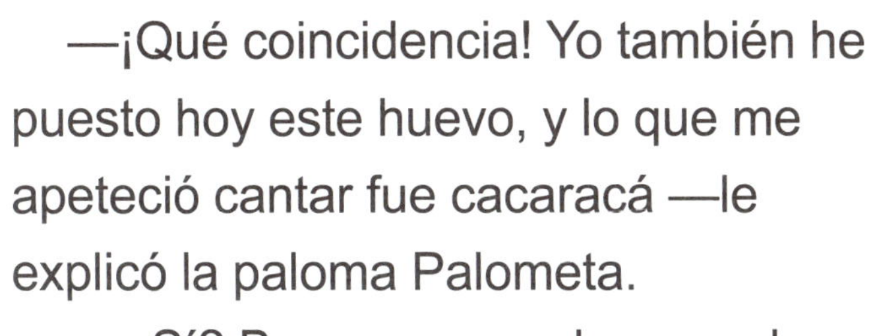

—¡Qué coincidencia! Yo también he puesto hoy este huevo, y lo que me apeteció cantar fue cacaracá —le explicó la paloma Palometa.

—¿Sí? Bueno, eso es lo normal —dijo aburrida la paloma recién llegada.

—Lo será en tu palomar —respondió la paloma Palometa—. ¡En el mío sólo se canta cucurucú!

En ese momento, llegó una tercera paloma a la fuente.

También traía un huevo en brazos. ¡Un huevo a cuadros blancos y azul marino! La paloma Palometa y la segunda paloma lo examinaron extrañadas, mientras la tercera paloma se zambullía en la fuente.

Cuando sacó la cabeza, la paloma Palometa le preguntó:

—¿De qué palomar vienes?

—Del que está encima de aquel edificio en obras —contestó, apuntando con el pico hacia otra esquina de la plaza—. ¡Un palomar estupendo!

Muchas vigas para elegir. Y, además, los obreros siempre que se comen un bocadillo nos dan un trozo. ¡Son muy majos!

—Pero ¿qué haces por aquí con ese huevo en brazos? —preguntó la segunda paloma.

—Veréis, lo acabo de poner, y me apeteció cantar quiquiriquí —respondió la tercera paloma—. Y en mi palomar, la costumbre es cantar sólo quequerequé. Que quiquiriquí lo cantan los gallos. ¡Como si una paloma no pudiera cantar lo que le apetezca!

QUIQUIRIQUÍ

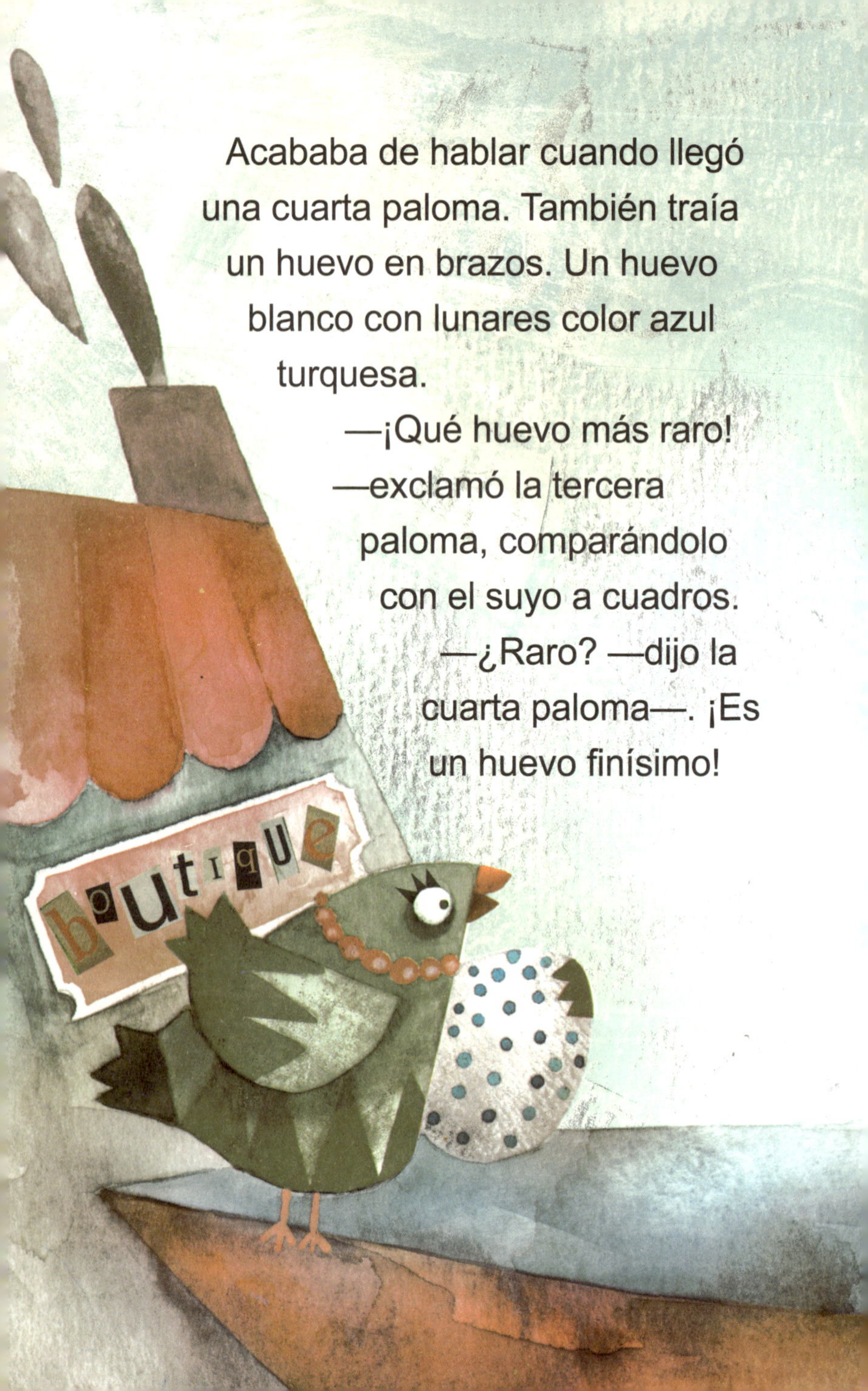

Acababa de hablar cuando llegó una cuarta paloma. También traía un huevo en brazos. Un huevo blanco con lunares color azul turquesa.

—¡Qué huevo más raro! —exclamó la tercera paloma, comparándolo con el suyo a cuadros.

—¿Raro? —dijo la cuarta paloma—. ¡Es un huevo finísimo!

El no va más de los huevos, para que te enteres.

—¿De qué palomar eres? —preguntó la segunda paloma.

—De aquella tienda de ropa —dijo, apuntando con la punta de una ala a una esquina de la plaza—. La que tiene el toldo más elegante de toda la plaza. Allí las clientas sólo nos dan cruasán, y no miguitas de pan, como en algunos sitios que yo me sé.

ique

—Pero ¿qué haces por aquí con ese huevo en brazos? —le preguntó la paloma Palometa.

—Lo acabo de poner. Y no sé por qué, me entraron ganas de cantar cocorocó.

—¿Cocorocó? —se espantaron la paloma Palometa, la segunda paloma y la tercera paloma.

—Sí. ¡Y en mi palomar sólo me dejan cantar quiquiriquí! —explicó entre lágrimas—. ¡Me han dicho que cocorocó lo cantan las gallinas!

Entonces llegó una quinta paloma. Traía un huevo blanco con rayas azul eléctrico en brazos.

—¿De dónde vienes? —le preguntó la cuarta paloma, enjugándose las lágrimas al tiempo que examinaba el huevo.

—¡De la discoteca! —respondió la recién llegada—. No se come demasiado bien allí, pero ¡qué noches! ¡El mejor rock de la ciudad!

—Pero ¿qué haces por aquí con ese huevo en brazos? —le preguntó la paloma Palometa.

—¡Busco palomar! —gritó la quinta paloma, llena de energía—. En mi palomar sólo se canta cocorocó.

¡Puse este huevo, quise cantar cucurucú, y no me dejan!

—¿Y ahora qué hacemos? —preguntó la segunda paloma.

Se pusieron a hablar todas a la vez, hasta que la quinta paloma gritó más alto que las demás:

—La solución es muy fácil: ¡nos intercambiamos el palomar!
La paloma Palometa se traslada del ayuntamiento a la librería.
La segunda paloma se traslada de la librería al edificio en obras.
La tercera paloma se traslada del edificio en obras a la tienda de ropa.
La cuarta paloma se traslada de la tienda de ropa a la discoteca.

Y yo, la quinta paloma, me traslado de la discoteca al ayuntamiento.

—¡Eso! —aprobaron todas, y para festejar la solución, cantaron:

¡CACARACÁ!

¡QUEQUEREQUÉ!

¡QUIQUIRIQUÍ!

¡COCOROCÓ!

¡CUCURUCÚ!

Después de cantar, cada una agarró su huevo, todas muy contentas y dispuestas al cambio. Entonces la paloma Palometa exclamó:

—Pero ¡si a mí me toca cruzar toda la plaza para llegar a la librería!

Las cinco palomas miraron a los edificios alrededor de la plaza, y… ¡Qué coincidencia! El nuevo palomar que le tocaba a cada una quedaba en la esquina más lejana del palomar original. ¡Vamos, en la otra punta de la plaza!

—¡Con el calor que hace! —protestó la segunda paloma.

—¡No es justo! —exclamó con enfado la tercera paloma.

—¡Y con lo que pesa el huevo! —lloriqueó la cuarta paloma.

Se miraron unas a otras, preocupadas. El sol caía a plomo sobre sus cabezas. Después de un silencio, la segunda paloma dijo:

—¡No tenemos otra solución!

—Si no hay más remedio, ¡en marcha! —chilló la quinta paloma.

Cada una volvió a agarrar su huevo y todas empezaron a cruzar, resignadas, la plaza rumbo al nuevo palomar.

La paloma Palometa, con las plumas de la coronilla más revueltas que nunca de tanto pensar, fue la última en tomar el suyo. Pero en cuanto lo tuvo en brazos, gritó:

—¡Un momento!

Las demás palomas se volvieron, sorprendidas.

—¿Qué pasa?

—Veréis, hay algo en lo que no hemos pensado —dijo la paloma Palometa—. ¿Y si a mi hijo se le ocurre querer cantar cucurucú como a sus abuelos, y no cacaracá como a mí? ¿O quequerequé como a ti? —siguió, apuntando a la segunda paloma. ¿O quiquiriquí como a ti? —siguió, apuntando a la tercera paloma. ¿O cocorocó como…? ¿O…?

—Y si a mi hijo se le ocurre cantar…

A cada una se le ocurría para su hijo un canto distinto al del palomar que había elegido.

—¿Qué pasará? —se preguntaban.

Tan grande era la agitación de las palomas, que los huevos estuvieron a punto de transformarse en mayonesa dentro de las cáscaras. Pero antes de que esa desgracia ocurriera, la paloma Palometa miró a la fuente y dijo:

—¡Tengo una idea! Nos podemos quedar aquí.

—¿Aquí? —se extrañaron las demás—. ¿En el centro de la plaza? ¿Todas?

—Sí —afirmó la paloma Palometa—. Todas. Fundaremos un nuevo palomar. Y aquí nuestros hijos, cuando rompan la cáscara, podrán cantar cacaracá, quequerequé, quiquiriquí, cocorocó o cucurucú. ¡Lo que les apetezca!

Y así lo hicieron.

El palomar, en el centro de la plaza, resultaba de lo más práctico para las visitas. Con la fuente, disponían siempre de agua abundante y fresca. Todos los que cruzaban la plaza les daban migas de pan. Y a veces, también cruasán. Además, contaba con un gran lujo: ¡una estatua de un caballero a caballo en el centro de la fuente! ¿Hay mayor gozo para una paloma que subirse en la cabeza de una estatua de un caballero a caballo?

Pero ¿qué pasó con los pichones cuando salieron del cascarón?

El primero en romper la cáscara fue el del huevo azul celeste de la segunda paloma. Cuando abrió el pico, todas las palomas lo rodearon con expectación.

—Quequerequé —cantó el pichón.

—¡Ha elegido quequerequé como yo! —exclamó la segunda paloma.

Y de tan contenta, batió las alas para aplaudir.

El segundo en romper el cascarón fue el del huevo a cuadros blancos y azul marino de la tercera paloma.

—Quiquiriquí —cantó.

—¡Quiquiriquí como yo! —exclamó la tercera paloma.

Y se puso a batir las alas.

El tercero en romper el cascarón fue el del huevo de lunares azul turquesa de la cuarta paloma.

—Cocorocó —cantó.

—¡Cocorocó como yo! —exclamó la cuarta paloma, batió las alas y lloró de emoción.

El cuarto en romper el cascarón fue el del huevo blanco rayado de azul eléctrico de la quinta paloma.

—Cucurucú —cantó.

—¡Cucurucú como yo! —exclamó

la quinta paloma,
batió las alas
y se puso
a danzar.

El pichón
de la paloma
Palometa fue
el último en dejar
el cascarón.

Como había tardado tanto, lo rodeaban con mucha expectación las cinco palomas y sus cuatro pichones.

Salió de la cáscara blanca moteada de azul con las plumas de la cabeza

todas revueltas, como su madre. Abrió el pico, y cantó:

—Cacaracá.

—¡Igual que yo! —exclamó la paloma Palometa.

Pero el pichón de la paloma Palometa dio un pasito, volvió a abrir el pico y cantó:

—¡Cacaracá, quequerequé, quiquiriquí, cocorocó, cucurucú!

—¡Igual que yo! —exclamaron las palomas todas a la vez, y batieron las alas de alegría.

Entonces el pichón de la paloma Palometa dio un pasito más y cantó así:

—¡Teteretéǃ ¡Larilará! ¡Poporopó! ¡Mirimimí! ¡Buburubú!

Las cinco palomas se callaron, de puro asombro.

—¿¡Cómo dices, hijo mío!? —le preguntó, sorprendidísima, la paloma Palometa.

—¡TETERETÉ! ¡LARILARÁ! ¡POPOROPÓ! ¡MIRIMIMÍ! ¡BUBURUBÚ! —cantó Palomín, a grito pelado.

La paloma Palometa
se puso a dar saltos
y a bailar, de tan contenta.
Después lo tomó entre las alas
y exclamó:

—¡Palomín, palomino mío!
¡Éste es mi Palomín!

Un domingo, los abuelos de Palomín quisieron conocer a su nieto. Se peinaron las plumas, se bajaron de la cornisa del ayuntamiento y marcharon con mucho garbo hasta el centro de la plaza. Allí los recibieron las cinco palomas, con los cinco pichones alrededor de la fuente.

La paloma Palometa se adelantó con dos saltitos y les dio la bienvenida. Después, les presentó a Palomín.

¿Y sabéis qué dijeron los abuelos al oír lo que cantaba su nieto?
Pues, ¡adivinadlo!

Isabel Campos Adrados. Nació en Madrid y emigró con su familia a Brasil siendo todavía una niña. En Río de Janeiro ejerció como médico psiquiatra hasta su regreso a España. Desde entonces compagina la traducción con la escritura, y ha recibido varios premios de relatos breves. Su primer cuento infantil, *El bosque de las ardillas*, fue galardonado con el premio del Certamen del Libro Infantil «Ciudad de Morón» en 1996. En la actualidad reside en Barcelona, donde publicó en 2001 *Las trece madejas de lana* y en 2004 *La niña de arena*.

Rebeca Luciani. Nació en 1976 en la ciudad de La Plata, Argentina. De 1990 a 1999 estudió dibujo y pintura en Bellas Artes de la Universidad Nacional de La Plata. Desde 1996 trabaja como ilustradora de libros y revistas infantiles. Desde 2000 reside en Barcelona, y desde allí colabora con distintas editoriales españolas.